Exposition

A. SISLEY

GALERIE GEORGES PETIT

Paris. — Février 1897

GALERIE GEORGES PETIT

8 — RUE DE SÈZE — 8

EXPOSITION

Alfred Sisley

PARIS

IMPRIMERIE GEORGES PETIT

12, RUE GODOT-DE-MAUROI, 12

—

1897

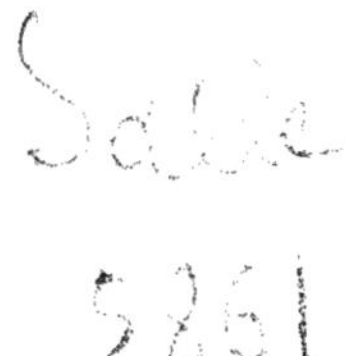

I

Pour tous ceux qui, depuis vingt ans, suivent l'effort constant du peintre Alfred Sisley, ce sera une grande joie que de visiter une exposition d'œuvres de lui.

Depuis longtemps déjà, il a conquis une notoriété de bon aloi, par les seules forces de son talent : ses tableaux sont en bonne place dans des collections qui s'honorent de les posséder, et hier, dans une vente retentissante, pour n'évoquer que de récents souvenirs, les amateurs n'ont pu s'en faire adjuger qu'avec une belle poussée d'enchères. C'est là plus qu'il n'en fallait pour

que le grand public cessât d'être indifférent,
pour qu'il demandât à connaître un peu
mieux l'artiste dont tout le monde s'entre-
tient ; pour qu'il eût, en fin de compte, le
désir de paraître avoir pris quelque part
dans l'affirmation grandissante de son succès
mérité. L'occasion est donc nettement indi-
quée de s'arrêter à l'œuvre de Sisley avec
quelque développement.

Sisley s'est créé une place à part dans
l'école impressionniste, par ses recherches
continues d'émotivité atmosphérique, sa
sincérité d'interprétation, sa préoccupation
des claires ambiances qui l'entourent, de
la sérénité et de la douceur que révèle la
nature quand on l'étudie au point de vue
esthétique.

Mais pour bien comprendre tout ce que

son effort a eu d'heureux et d'utile, il est
nécessaire d'analyser un peu ce qu'est le
paysage du peintre, et quelle est la puissance
psychologique des éléments qui concourent
à révéler l'originalité de son inspiration.

II

Quelqu'un a dit, non sans raison, que
Dieu était un paysagiste idéaliste, ayant
varié la face du monde, non dans un but
d'utilitarisme humain, mais avec une su-
prême volonté de manifester le sublime.
La loi cosmique n'est qu'une loi d'extraordinaire harmonie, dont l'industrie humaine
tire parti pour la grandeur de ses luttes et
pour la nécessité de son évolution progres-
sive ; mais cette loi s'exerce quand même,

au-dessus et en dehors de nos contingences,
par la seule révélatiou du beau absolu.

Il semble que le paysagiste soit le seul à
comprendre cette évolution du beau dans
la nature, puisqu'il s'applique à en chercher
l'expression et à en inventer une formule
d'interprétation, à l'heure où les autres
hommes ne s'en émeuvent guère, et n'y
voient que des agents, parfois dociles, parfois insoumis, qui ont pour mission de
servir à son utilité.

Ce qui nous amène à penser qu'en matière d'art, le réalisme n'existe pas au sens
philosophique du mot, et que l'impression-
nisme est la désignation la plus élevée et
la plus pure de la sensation objective pro-
voquée sur notre entendement par le monde
extérieur. Si l'on accepte cette définition,

— qui est, à mon sens, la seule vraie, — Sisley est un impressionniste admirable, parce qu'il a senti toutes les choses de la nature, avec une extraordinaire délicatesse ; parce qu'il en a deviné la beauté, dans ses manifestations les plus intimes, les mieux faites pour passer inaperçues aux yeux distraits du vulgaire.

Dire que le paysagiste crée, c'est dire qu'il a mis dans son œuvre les caractères d'un idéal moral, qu'il a trouvé une règle de beau idéal, distincte du plaisir et de l'utilité, une mesure de beauté qui n'est jamais entièrement réalisée, et nécessite un effort continu et sans relâche, une mesure supérieure par conséquent à la beauté matérielle, et dont l'artiste porte en son âme la palpitation éternellement émue.

« En présence des plus grandes beautés
du monde physique, a écrit un philosophe,
on sent toujours la limite plus ou moins
rapprochée ; on a le sentiment de quelque
chose d'inachevé et qui ne saurait répondre
d'une manière complète de notre conscience
de la beauté, à tout ce que notre âme a soif
de sentir et de comprendre ; il faut monter,
aspirer à l'inconnu, sous peine de ne pas
atteindre même le but immédiat, la réalité
visible. »

Et Sisley, en face de la nature, dans ce
coin de Moret, dont il a déchiffré l'enchan-
tement à la fois mystérieux et ingénu, Sisley
est toujours monté ; il a constamment
aspiré à l'inconnu.

Tout, en art, ne se borne pas à imiter, à
reproduire exactement : parce qu'alors un

herbier, collectionné par un naturaliste intelligent, serait nécessairement plus parfait que n'importe quel tableau, si génial fût-il ; mais au-dessus de la mémoire des sens qui ont réveillé des images et subi des impressions, il y a la raison qui intervient ; il y a l'imagination, faite de ce qui est le plus pur dans l'esprit et dans la sensibilité, qui met en œuvre les images retenues, les choisit, les assortit ; qui épure les impressions, les agrandit, et refoule aux limites infinies de son rêve les limites précises du monde réel.

Or, la véritable grandeur de l'art, c'est, par l'effort intelligent de la patience et de l'art, de marier l'essor de l'imagination avec les nécessités essentielles de la réalité ; c'est de ne pas voir, dans l'imitation de la réalité, une chaîne dont il faille rejeter l'entrave,

mais une direction dont il est imprudent de
refuser le concours. La réalité, avec les
merveilles de la forme, avec l'étonnante
variété de la ligne, avec la prodigalité de la
couleur et l'éternelle harmonie des étendues, doit fournir le fil conducteur qui garde
des chutes dans l'abîme sans fond des sym-
bolismes vains et de l'idéalité abstraite, où
tout est vague, sans consistance, sans lumière et sans ombre.

C'est là, je ne m'en cache pas, une donnée
de spiritualisme esthétique, mais un spiritualisme rationnel, qui assure des œuvres
fortes et un art solide, tel enfin que Sisley
l'a pratiqué dans sa carrière au progrès
incessant.

III

D'ailleurs, le spiritualisme rationnel n'a rien qui doive effrayer ceux qui s'en vont clamant le réalisme, sans comprendre que ce mot « réalisme » n'est qu'un artifice de langage qui ne répond à rien d'*absolument* réel.

Schiller a dit quelque part : « On peut être original, même en imitant, mais à cette condition que ce que nous empruntons au dehors renaisse, pour ainsi dire, en nous ; car si l'homme a quelque chose à donner par le moyen de l'art, c'est lui-même. » Et je me demande si le réaliste peut donner quelque chose qui soit de lui ? S'il le peut, il cesse par définition d'être réaliste.

Pour nous convaincre de cette vérité, nous n'avons qu'à entrer dans l'intimité du génie des maîtres : dans leurs paysages, nous voyons des aspects variés, aperçus tous les jours dans la vie, et auxquels cependant nous ne prêtons guère d'attention, ou tout au moins une attention passagère. D'où vient donc que nous prenions du plaisir à l'interprétation de ces aspects variés, quand ces aspects eux-mêmes ne nous sollicitent pas avec plaisir ? Cela vient d'une part que l'utilité réclamée par nous de la nature atténue, d'une manière sensible, le principe supérieur qui constitue la beauté ; d'autre part, que, dans le tableau, la nature nous apparaît à travers l'âme de l'artiste, dégagée de ses caractères utilitaires, et belle de sa seule beauté, de sa beauté spécialement subjective.

Si vous rapprochez l'œuvre du peintre,
de la nature qu'il s'est proposée pour objet,
et si, par une bizarrerie de parti pris, au
nom du réalisme, vous voulez la considérer
au point de vue exclusif de la ressemblance
matérielle, cette œuvre-là ne peut supporter
la comparaison, et ne mérite même pas
l'attention ; l'imitation de la lumière n'est
pas la lumière elle-même ? les combinaisons
chimiques et les glacis qui figurent l'eau et
le fleuve, et le torrent, ne sont ni l'eau, ni le
fleuve, ni le torrent ; les figures réduites à
une échelle mathématique et immobilisées
sur la toile ne sont ni les hommes, ni les
animaux, ni les plantes, ni la vie. La réalité
des choses n'existe pas dans la réalité de la
toile, et le réalisme devrait, par essence, se
refuser à toute convention, parce que la

convention en art est nécessairement un rapport établi arbitrairement entre la réalité et ce qui n'est pas la réalité.

Si, au contraire, acceptant la convention, vous mettez votre entendement à l'unisson de l'entendement du peintre ; si vous donnez à votre imagination un courant qui soit en harmonie avec l'imagination du peintre ; si, en un mot, vous sortez de la réalité, pour vous accorder à un état moral qui n'est pas le vôtre, et se trouve provoqué par l'état moral de l'artiste lui-même, c'est-à-dire par le mode de sa conception, l'illusion nécessaire à l'interprétation de toute œuvre d'art éclaire votre cerveau ; ce que vous avez sous les yeux devient, par la puissance évocatrice de l'art, la nature elle-même, avec sa couleur, son mouvement, sa vie ; et cela, parce

que vous sentez par l'âme, comme l'artiste
l'a senti lui-même, ce que les ressources
imparfaites de la peinture et les limites de
l'art défendent à l'artiste de faire tomber en
réalité sous les sens.

Et cela est si vrai, que les peintres qui
ont voulu l'initiation la plus étroite, ceux
qui se sont attachés aux artifices du trompe-
l'œil, ceux qui, ignorant les hautes aspira-
tions vers le beau, ont mis toute leur
habileté au service du métier, n'ont jamais
été que des peintres d'ordre inférieur. Un
peintre peut copier, avec une exactitude
minutieuse, les rugosités d'une écorce d'arbre, les dentelures des feuilles, les arêtes des
brins d'herbe, les cailloux d'une route, les
ailes des mouches qui bourdonnent au-
dessus d'une mare; s'il ne met pas sa palpi-

tation intime dans sa toile, il ne fera rien de vivant ni de vrai ; il aura immobilisé ce qui n'est jamais immobile ; il aura ignoré le frisson des choses, et son œuvre manquera de ce souffle divin, qui constitue la grandeur et la supériorité de l'art.

IV

Ces considérations nous éloignent moins qu'on ne saurait penser de l'œuvre de Sisley, parce qu'elles nous permettent d'étudier avec lui, et par lui, les objets principaux qui fournissent à son interprétation de la nature.

Admettons que la nature est un livre sacré, dont on doit non seulement sentir,

mais encore comprendre la beauté ; Sisley
a poussé très loin l'herméneutique de la
matière ; dans ses longues promenades
solitaires, dans ses longues heures, ses longues années d'étude, il a interrogé toute
chose ; il s'est instruit à nous charmer et il
nous enseigne, dans ses toiles d'une si écla-
tante sérénité, le poème de l'eau, des arbres
et du ciel, dans la nature.

L'eau, la rivière, le fleuve ! autant d'objets
où l'art du peintre se révèle. A la surface de
l'eau courante, un frisson palpite, insaissis-
sable comme un rayon de lumière, fugitif
plus qu'un vol d'oiseaux, fait d'étincelle-
ments successifs qui se répètent et se re-
nouvellent, modelant à sa guise les visions
réfléchies, modifiant les tonalités de tout ce
qui peuple les rives, enfermant dans sa

profondeur mystérieuse et d'apparence in-
sondée, les étendues les plus vastes, don-
nant à notre œil — instrument imparfait et
admirable — le plus magique des spectacles,
à l'aide de la plus expressive des duperies.
Et tout cela, Sisley nous le montre, Sisley
nous le fait sentir et vivre.

L'arbre est pour lui l'un des facteurs
prépondérants pour exprimer la vie. L'eau
aide à exprimer la vie dans l'étendue ; l'arbre
l'exprime dans le temps.

Dans ses toiles, Sisley, pas plus que
Corot, ne fait le portrait d'un arbre ; pour-
tant il les connaît tous ; il les a tous étudiés ;
il en a fait l'anatomie ; mais ce qu'il nous
donne, ce sont des harmonies d'arbres dans
la nature ; ce sont des éléments essentielle-
ment variés où s'inscrivent les saisons et les

heures, avec le chromatisme spécial des frondaisons.

Et c'est à nous, qui regardons les œuvres, c'est à nous qu'il appartient d'étiqueter les essences ; là, le peuplier, plein de noblesse, avec sa tête pyramidale, qui semble une pensée prenant son vol vers le ciel ; ici, l'orme, aux branches rabougries, à la carrure énergique, à l'écorce noueuse et grise, au tronc où l'âge a creusé des déchirures et des cavernes ; plus loin, le marronnier, grand et placide, solidement assis sur des racines apparentes multipliées ; le chêne, plein de superbe et de majesté, vieillard hautain, dont le balancement des feuilles a de murmurantes tendresses, et le hêtre, et l'acacia, et le saule qui pleure, et tant d'autres, dont les masses légères forment le chœur aux sonorités éclatantes ou étouffées, suivant qu'ils apparaissent le long d'une rivière, dans les premiers plans, ou qu'ils s'étagent sur le flanc d'une colline jusqu'à l'horizon.

Sisley les a notés, tous ces géants ; il a analysé leurs sèves, et il a trouvé sur sa palette, pour les figurer, des bleus profonds et des vieux ors, entre lesquels s'étendent toutes les gammes de leurs chansons multiples.

Le ciel, enfin ! Le ciel a été la préoccupation constante de Sisley, parce qu'il recèle en lui des délicatesses imperceptibles, parce que le mouvement atmosphérique, si faible qu'il nous apparaisse, peut en changer l'aspect instantanément, parce qu'il est fait d'une immensité de choses insaisissables, et d'immensité et de lumières, et de la lumière ;

parce qu'il est fait de ce qui est sans être,
d'infini en un mot, de l'infini mystérieux
qui règne autour de nous, dans l'air que
nous respirons, et emplit les régions inac-
cessibles où se perd notre pensée.

Et Sisley, qui a suivi, en amoureux pas-
sionné de la lumière, l'évolution régulière
des heures, nous a donné, avec un art vrai-
ment supérieur, la magie de cette lumière
et de ces heures, car il a compris qu'en dehors
des fanfares éclatantes, le ciel pittoresque a
parfois des beautés où la pensée domine.

Chez lui, le paysage est environné de
ciel, sans en être écrasé : il en est protégé ;
point de larges placages de bleu ou de gris,
qui demeurent sans vibration et, par conséquent, hors de l'expression de nature ; ce
sont, au contraire, des colorations fines,

lumineuses et douces, avec de beaux nuages
légers et souples, emportés ou paisibles,
suivant le caprice des souffles aériens; au
devant de l'azur, qui n'est fait que de profondeur, une vapeur impalpable flotte dans
l'atmosphère : on sent que toujours Sisley
est parti d'effets vus et ses ciels ont des
transparences qui sont bien l'expression de
la vérité.

V

Et maintenant, il me faut conclure ;
l'effort de Sisley est un des plus féconds qui
aient été accompli par un artiste de notre
temps, et c'est avec fierté que l'excellent
artiste peut constater la longue carrière déjà
parcourue : pour affirmer son progrès con-

tinu, peut-être cherche-t-il d'avantage la forme; mais, dès son début, il a su marquer la nécessité où l'artiste est de choisir, et il a montré qu'il savait choisir.

A l'heure qu'il est, je ne connais pas de paysagistes, même parmi ses vaillants compagnons de la bataille impressionniste, qui aient, à un plus haut point, le sens de la délicatesse, et la sagesse de la vision; et tous ceux qui visiteront la collection réunie de son œuvre, seront à même de constater la robustesse de son talent et l'admirable sincérité de son idéal.

L. ROGER-MILÈS.

Le 30 janvier 1897.

TABLEAUX

---

1 — *La Seine, à Argenteuil.*

> Appartient à M. Adam.

2 — *Étude prise au bas du pont de Suresnes.*

> Appartient à M. Camentron.

3 — *La Seine, au Pecq, 1876.*

> Appartient à M. Charpentier.

4 — *Village de Mareil, vu de Marly-le-Roi, 1876.*

> Appartient à M. Charpentier.

5 — *La place du Chenil, Marly-le-Roi, neige, 1876.*

> Appartient à M. Depeaux.

6 — *Environs de Louveciennes, 1873.*

> Appartient à M. Durand-Ruel.

7 — *La Berge, à Billancourt, neige, 1879.*

> Appartient à M. Durand-Ruel.

8 — *Coteaux de la Celle, 1884.*

> Appartient à M. F...

9 — *Coteaux de Bougival, et Machine de Marly.*

> Appartient à M. F...

10 — *Pont de Sèvres, 1877.*

> Appartient à M. F. Gérard.

11 — *Inondation   au   Bois-de-Boulogne,
    1880.*

> Appartient à M. le Dr Labbé.

12 — *Le bas Meudon.*

> Appartient à M. Mallet.

13 — *Garage des Hirondelles, 1878.*

> Appartient à M. Montaignac.

14 — *L'Ile de la Grande-Jatte.*

> Appartient à M. Personnaz.

15 — *Le Point-du-Jour, 1878.*

> Appartient à M. A. Scholl.

16 — *Meule de paille, à Argenteuil, en
    octobre.*

> Appartient à M. Tavernier.

17 — *Place de l'Abreuvoir, à Marly, neige, 1875.*

>Appartient à M. G. Viau.

18 — *La Route, Marly, 1875.*

>Appartient à M. G. Viau.

19 — *Port-Marly. Les Tireurs de sable, 1875.*

>Appartient à M. G. Viau.

20 — *Port-Marly.*

>Appartient à M. D...

21 — *Route de Mantes, 1874.*

>Appartient à M. E. Gérin.

22 — *Soir de fin d'octobre, à Moret, 1888.*

>Appartient à M. F...

23 — *Saint - Mammès. Les coteaux de Veneux-Nadon, 1884.*

Appartient à M. F...

24 — *Temps gris aux Sablons. Matin de septembre, 1886.*

Appartient à M. F...

25 — *Vue de l'entrée des Sablons, 1886.*

Appartient à M. F...

26 — *Château de la Croix-Blanche. Après-midi de septembre, 1884.*

Appartient à M. F...

27 — *La Berge, à Saint-Mammès, 1888.*

Appartient à M. F...

28 — *Soleil du matin, à Saint-Mammès, 1888.*

> Appartient à M. F...

29 — *La Campagne, aux Sablons, fin mai 1876.*

> Appartient à M. E. Gérin.

30 — *Les Pécheries, à Villeneuve-Saint-Georges, 1872.*

> Appartient à M. Mallet.

31 — *Pont de Moret en temps de crue, 1888.*

> Appartient à M. Montaignac.

32 — *Soleil d'hiver, à Veneux-Nadon.*

> Appartient à M. Montaignac.

33 — *Moret-sur-Loing, le matin.*

> Appartient à M. Montaignac.

34 — *La Fenaison dans les près. Moret.*
Après-midi de septembre, 1888.

Appartient à M. Renouard.

35 — *Été de la Saint-Martin, Moret.*

Appartient à M. Renouard.

36 — *Église de Moret, le matin, 1894.*

37 — *Le Loing et le coteau de Saint-Nicaise. Soleil de mars, 1890.*

38 — *Le Loing dans les prés, 1896.*

39 — *Cabanes au bord du canal du Loing, 1896.*

40 — *Église de Moret après la pluie, 1894.*

41 — *Moret au soleil couchant, 1892.*

42 — *Le Pont de Moret, en hiver.*

>> Appartient à M. Tavernier.

43 — *La Seine, à Saint-Mammès.*

>> Appartient à Mme V...

44 — *Saint-Mammès et les coteaux de la Celle. Matinée de juin.*

>> Appartient à M. G. Viau.

45 — *Le chemin de Thomery, par le bord de l'eau, le soir.*

>> Appartient à M. G. Viau.

46 — *Chemin de Saint-Mammès. Bords du Loing, 1896.*

>> Appartient à M. G. Viau.

47 — *Vieux saules. Bords du Loing, 1892.*

>> Appartient à M. G. Viau.

48 — *La vieille Église de Moret, 1893.*

> Appartient à M. G. Viau.

49 — *Écluse de Bourgogne, à Moret.*

> Appartient à M. G. Viau.

50 — *Bords du Loing.*

> Appartient à M. Coquelin aîné.

51 — *Saint-Mammès, le matin.*

Appartient à MM. Boussod, Valadon et Cie.

52 — *Peupliers au bord du Loing, 1888.*

Appartient à MM. Boussod, Valadon et Cie.

53 — *Vue du Loing. Effet d'hiver.*

> Appartient à M. Camentron.

54 — *Moret, 1888.*

> Appartient à Mme Compère.

55 — *Le Loing, à Moret.*

> Appartient à M. E. Décap.

56 — *Le Soir, à Moret.*

> Appartient à M. E. Décap.

57 — *A Moret, le soir, 1891.*

> Appartient à M. Depeaux.

58 — *Le Pont et la Ville de Moret, vu du côté des moulins à tan, 1893.*

> Appartient à M. Depeaux.

59 — *Coucher du soleil sur le Loing, à Moret. Novembre 1889.*

> Appartient à M. Depeaux.

60 — *Moret, au soleil couchant, octobre 1888.*

> Appartient à M. Depeaux.

61 — *Le Loing, en été, 1891.*

> Appartient à M. Depeaux.

62 — *Temps de neige, à Veneux-Nadon, 1881.*

> Appartient à M. Depeaux.

63 — *Vieilles maisons, à Veneux-Nadon. Effet de neige, 1881.*

> Appartient à M. Depeaux.

64 — *Saint-Mammès. La Croix-Blanche, 1882.*

> Appartient à M. Depeaux.

65 — *Chantier, à Saint-Mammès, 1883.*

>Appartient à M. Durand-Ruel.

66 — *Vue de Moret. Printemps 1884.*

>Appartient à M. Durand-Ruel.

67 — *Environs de Saint-Mammès, 1883.*

>Appartient à M. Durand-Ruel.

68 — *Saint-Mammès, 1884.*

>Appartient à M. Durand-Ruel.

69 — *Sur la Seine, à Veneux-Nadon, 1881.*

>Appartient à M. Durand-Ruel.

70 — *Une Matinée, à Saint-Mammès.*

>Appartient à M. F...

71 — *Chemin de halage, à Moret. Après-midi de février.*

> Appartient à M. F...

72 — *Moret, vu du Loing. Après-midi de mai.*

> Appartient à M. F...

73 — *Les Lilas de mon jardin, à Moret.*

> Appartient à M. F...

74 — *Église de Moret.*

> Appartient à M. E. Gérin.

75 — *Bords du Loing.*

> Appartient à M. E. Gérin.

76 — *Paysage et meule, 1886.*

> Appartient à MM. Boussod, Valadon et Cie.

77 — *Entrée du Bois.*

Appartient à MM. Boussod, Valadon et Cie.

78 — *Ferme au Trou de l'Enfer. Matinée de septembre, 1874.*

Appartient à M. E. Claret.

79 — *La Route, en été.*

Appartient à M. Edmond Decap.

80 — *La Route, en automne.*

Appartient à M. Edmond Decap.

81 — *Meules de paille. Effet du matin, 1892.*

Appartient à M. Depeaux.

82 — *Les Foins, à Sahurs, 1895.*

Appartient à M. Depeaux.

83 — *Vieille ferme, en Normandie.*

> Appartient à M. Depeaux.

84 — *Rue de village. Effet de neige.*

> Appartient à M. Desfossés.

85 — *Gelée blanche, 1874.*

> Appartient à M. le comte Doria.

86 — *Le Printemps, 1875.*

> Appartient à M. le comte Doria.

87 — *Le Sentier. Effet de neige, 1874.*

> Appartient à M. le comte Doria.

88 — *Bords de l'Oise, le soir, 1875.*

> Appartient à M. le comte Doria.

89 — *Les Laveuses, à By*.

> Appartient à M. le Dr Brocq.

90 — *Le chemin de Fontaines, 1884*.

> Appartient à M. Durand-Ruel.

91 — *Premiers jours de printemps, 1886*.

> Appartient à M. Durand-Ruel.

92 — *Brouillards, 1874*.

> Appartient à M. Durand-Ruel.

93 — *A Voisins, 1873*.

> Appartient à M. Durand-Ruel.

94 — *Le Lavoir, 1876*.

> Appartient à M. Durand-Ruel.

95 — *Effet de neige, 1876.*

> Appartient à M. F...

96 — *La Forge, 1875.*

> Appartient à M. F...

97 — *Sous le Pont, 1874.*

> Appartient à M. F...

98 — *En plein soleil.*

> Appartient à M. F...

99 — *Rivière et canards.*

> Appartient à M. F...

100 — *La voie du Chemin de fer.*

> Appartient à M. F...

101 — *Le Village, 1891.*

> Appartient à M. F. Gérard.

102 — *Auberge au bord d'une grande route, 1876.*

> Appartient à M. Hazard.

103 — *L'Inondation, 1872.*

> Appartient à M. Mallet.

104 — *Chaumières au soleil, 1888.*

> Appartient à M. Montaignac.

105 — *Futaie. Effet d'automne, 1872.*

> Appartient à M. Montaignac.

106 — *Le village de Voisins.*

> Appartient à M. Montaignac.

107 — *Brouillards du matin.*

Appartient à M. Personnaz.

108 — *Le Soir, en septembre.*

Appartient à Mme Blanche Pierson.

109 — *Paysage.*

Appartient à M. Sainsère.

110 — *En Normandie : le sentier du bord de l'eau, à Sahurs, 1874.*

111 — *La Maison au toit rouge.*

Appartient à M. Tavernier.

112 — *L'Omnibus.*

Appartient à M. Tavernier.

113 — *Après-midi de février.*

Appartient à M. Tavernier.

114 — *Chemin bordant le parc de Courances, 1868.*

> Appartient à M. G. Viau.

115 — *Premiers jours d'automne, le matin.*

> Appartient à M. G. Viau.

116 — *Le Soir, fin septembre 1886.*

> Appartient à M. G. Viau.

117 — *La Seine, à Saint-Mammès.*

> Appartient à Mme S. Teutsch.

118 — *Bords de la Seine, 1874.*

> Appartient à M. E. Gérin.

119 — *Le Loing, à Saint-Mammès.*

> Appartient à M. Waltner.

120 — *Bateaux du Berry, sur le Loing. Effet du matin.*

121 — *Le Vallon. Autour de la forêt.*

122 — *Au Printemps. La pluie.*

123 — *Cabanes au bord du Loing, le matin, temps couvert.*

124 — *Cabanes au bord du Loing, le matin, soleil.*

125 — *Autour de la forêt. Le vieux noyer.*

126 — *Cabanes au bord du Loing.*

127 — *Les Peupliers, fin d'automne.*

128 — *Sur le chemin de Saint-Mammès.*

129 — *Soleil couchant, septembre.*

130 — *Sur la route de Saint-Mammès. Effet du soir.*

131 — *Inondation. Effet du matin.*

132 — *Le Chantier, à Matrat.*

133 — *En Normandie . Coteaux de la Trouille, le matin.*

134 — *Une avenue sur les bords du canal, à Moret.*

135 — *Les hauteurs de Suresnes, vues du Bois-de-Boulogne.*

136 — *Moret.*

137 — *Un coin de bois aux Sablons. Effet d'automne.*

Appartient à M. Camentron.

138 — *La Tamise, à Hampden Coort, 1874.*

Appartient à M. Charpentier.

139 — *Moseley Look, Hampden Coort, 1874.*

Appartient à M. F...

140 — *La Tamise, à Hampden Coort, 1874.*

> Appartient à M. F...

141 — *Hampden Coort. Effet du matin. 1874.*

> Appartient à M. F...

142 — *Effet de neige.*

> Appartient à M. Vever.

143 — *Pommiers en fleurs.*

> Appartient à M. Donop de Monchy.

144 — *Gelée blanche, 1874.*

> Appartient à M. l'Abbé Gaugain.

145 — *Coteaux de Bougival, 1876.*

> Appartient à M. l'Abbé Gaugain.

146 — *Le Bois des Roches, 1877.*

> Appartient à M. l'Abbé Gaugain.

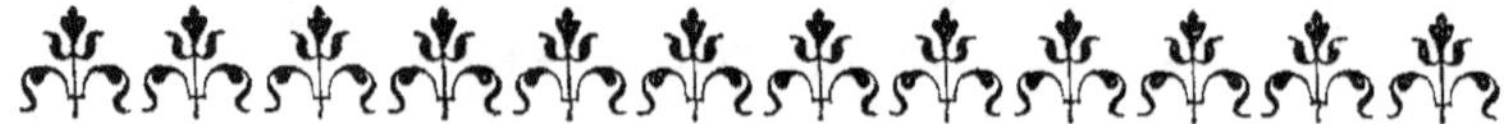

PASTELS

---

147 — *La Mare aux oies, 1896.*
> Appartient à M. Charpentier.

148 — *Les Vaches, à Saint-Mammès, 1896.*
> Appartient à M. Charpentier.

149 — *Aux Sablons.*
> Appartient à M. G. Viau.

150 — *La Mare aux canards.*
> Appartient à M. G. Viau.

151 — *Effet de neige.*
> Appartient à M. Donop de Monchy.

Paris. — Imp. Georges Petit. — 4248-97.

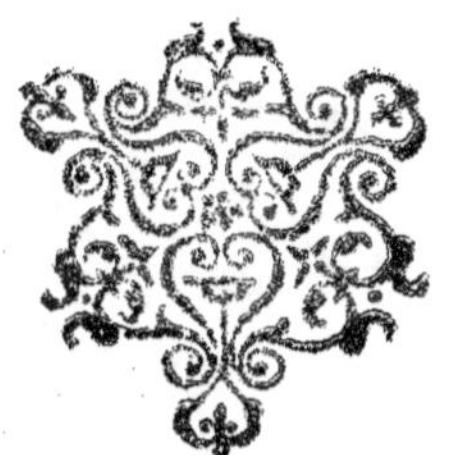